Esther von Krosigk

Papst Franziskus – Ein Jahr Pontifikat

Esther von Krosigk

Papst Franziskus – Ein Jahr Pontifikat

Neue Anekdoten, Apercus und Amüsantes rund um den beliebten Pontifex

Papst Franziskus

Impressum / Imprint
Bibliografische Information der Deutschen Nationalbibliothek: Die Deutsche Nationalbibliothek verzeichnet diese Publikation in der Deutschen Nationalbibliografie; detaillierte bibliografische Daten sind im Internet über http://dnb.d-nb.de abrufbar.

Bibliographic information published by the Deutsche Nationalbibliothek: The Deutsche Nationalbibliothek lists this publication in the Deutsche Nationalbibliografie; detailed bibliographic data are available in the Internet at http://dnb.d-nb.de.

Verlag / Publisher:
Fromm Verlag
ist ein Imprint der / is a trademark of
OmniScriptum GmbH & Co. KG
Heinrich-Böcking-Str. 6-8, 66121 Saarbrücken, Deutschland / Germany
Email: info@frommverlag.de

Herstellung: siehe letzte Seite /
Printed at: see last page
ISBN: 978-3-8416-0455-2

Coverbild:
Abdruck mit freundlicher Genehmigung
des L'Osservatore Romano, Vatikan

Inhalt

Vorwort

Nach einem Jahr Pontifikat des Papstes „vom anderen Ende der Welt“ mag man sich fragen, ob der Vatikan überhaupt noch eine Presse- und PR-Abteilung braucht. „Die Marke Franz“, wie die „ZEIT“ einen Artikel über ihn überschrieb, ist ein Publikumserfolg und dies scheinbar ohne jede Anstrengung. Dabei kommt ihm sein Naturell zugute - Papst Franziskus hat viele Gesichter, zeigt zahlreiche Facetten und bleibt sich dennoch treu. Im Gespräch mit Jugendlichen legt er kurzerhand sein Manuskript beiseite und redet mit den Schülern in der unprätentiösen Sprache, die sie verstehen. Er empfängt Harley-Davidson-Biker und segnet sie beim lauten Knattern der Motoren. Seine berühmten Überraschungs-Anrufe machen auch vor Nonnen nicht Halt, denen er auf den klösterlichen Anrufbeantworter kichert.

Ein Menschen-Fischer im biblischen Sinne ist er, perfekt ausgerüstet für unsere Zeit: Sein Netz ist das World Wide Web, er twittert, er tut seine Botschaften kund und das, dank Technik, über alle Grenzen und Kontinente hinweg. Und die Menschen folgen ihm, lassen sich berühren, nicht nur durch seine Umarmungen, sondern auch durch seine Worte. Plötzlich ist die katholische Kirche im 21. Jahrhundert angekommen und eröffnet den Gläubigen ungeahnte Möglichkeiten: Ablässe via Smartphone! Was hätte Luther wohl dazu gesagt?

Mit diesem Papst aus Südamerika haben wir in Punkto Glauben schon viel Neues erlebt und werden hoffentlich künftig noch mehr durch ihn erfahren. Auch im vorliegenden zweiten Band sind Geschichten und Anekdoten über ihn gesammelt, die beleuchten, wie Papst Franziskus ist, was ihn ausmacht und warum er so beliebt ist.

Esther von Krosigk

März 2014

März

Als sich am 13. März um 20:22 Ortszeit die Fenstertüren der Benediktionsloggia des Petersdoms öffnen und der neu gewählte Papst heraustritt, herrscht für eine Weile tiefes Schweigen unter den vielen Menschen auf dem Petersplatz. Etliche scheinen sich zu fragen: Wer ist dieser Mann, der da oben in schlichter weißer Soutane steht? Was kann man von seinem Gesicht ablesen?

Für Minuten verharrt auch Papst Franziskus reglos und konzentriert, die Haltung straff und sehr gerade, er wirkt wie ein sanfter Soldat Gottes. Er lächelt nicht, sondern schaut nur, ehe er mit ruhiger Stimme die Menschen begrüßt: „Brüder und Schwestern! Guten Abend! Ihr wisst, es war die Aufgabe des Konklaves, Rom einen Bischof zu geben. Es scheint, meine Mitbrüder, die Kardinäle, sind fast bis ans Ende der Welt gegangen, um ihn zu holen. … Ich danke euch für diesen Empfang. Die Diözese Rom hat nun ihren Bischof. Danke. Zunächst möchte ich ein Gebet sprechen für unseren emeritierten Bischof Benedikt XVI. Beten wir alle gemeinsam für ihn, dass der Herr ihn segne und die Mutter Gottes ihn beschütze."

Die anwesenden Menschen in Rom, aber auch jene vor den Fernsehern in der ganzen Welt, sind berührt als er äußert, man möge für ihn den Segen Gottes erbitten, bevor er als Papst den ersten Segen spendet. Damit gibt er zu verstehen, dass er sein Amt bezogen auf das Volk Gottes ausüben möchte und nicht über oder neben ihm stehen will.

◊

„Möge Gott Euch vergeben für das, was Ihr getan habt“ – mit diesen launigen Worten erheitert der neue Pontifex „vom anderen Ende der Welt“ die Kardinäle, weil sie mehrheitlich für ihn gestimmt haben. Der 76-Jährige Papst macht diese Bemerkung am Ende eines kurzen Toasts beim gemeinsamen Abendessen.

◊

Der bärtige US-Kardinal Sean O'Malley – im Konklave wahrscheinlich einer der Wähler Bergoglios – wünscht dem neuen Papst ausdrücklich: „Ich hoffe, dass Papst Franziskus gelegentlich einmal verschwinden kann, um zu einer Tango-Show zu gehen.“

◊

Erstmals seit dem Syrer Gregor III. (von 731 bis 741 Papst in Rom) stammt ein römischkatholisches Kirchenoberhaupt nicht aus Europa. Jorge Mario Bergoglio ist zudem der erste Lateinamerikaner und der allererste Jesuit auf dem Heiligen Stuhl.

◊

Weswegen ihm einige Kardinals-Kollegen rieten sich Clemens XV. zu nennen – als kleine Vergeltung an jenem Papst, der einst als Clemens XIV. im 18. Jahrhundert den Jesuitenorden verbieten wollte.
Aber wer denkt bei einer solch feierlichen Gelegenheit schon an Rache... Und hat Christus uns nicht gelehrt, wie wichtig verzeihen ist?

◊

Gern erzählt der Heilige Vater die Geschichte, wie er sich spontan für den Namen Franziskus entschied: Mit 114 weiteren Kardinälen befand er sich in Konklave in der Sixtinischen Kapelle, unter Michelangelos „Jüngstem Gericht“. Nach mehreren Wahlgängen geschah es immer häufiger, dass bei der Stimmauswertung sein Name ausgerufen wurde. Bergoglio, dem ein gewisser Schalk zu eigen ist, liebt es, an dieser Stelle kurz inne zu halten und dann mit leiser Stimme zu sagen:

„… die Sache wurde jetzt sehr gefährlich für mich."

◊

Als schließlich die Zweidrittelmehrheit von 77 Stimmen tatsächlich erreicht und damit klar war, dass er der neue Papst sein würde, habe sein Freund, der Erzbischof von São Paolo, ihn umarmt und ihm zugeflüstert: „Vergiss die Armen nicht." Diese kurze, gut gemeinte Ermahnung traf den neuen Papst ins Herz und sogleich erinnerte er sich an den Heiligen Franz. Und wie wichtig dessen Botschaft vom Frieden auch für die moderne Welt sei.
Bei dieser blitzschnellen Entscheidung mag Kardinal Bergoglio vielleicht auch sein Vater im Gedächtnis gewesen sein, der bereits mit 51 Jahren an einem Herzleiden verstorben war und mit drittem Vornamen Francisco hieß.

◊

Es gibt gewisse Tabus bei der Auswahl eines Papst-Namens. So kommt weder der Name des Heilands selbst in Betracht, noch einer der Namen der zwölf Apostel (und schon gar nicht der des Petrus) und auch die Rufnamen der Evangelisten bleiben ausgeklammert.
Doch keiner der 265 Bischöfe von Rom war

bislang auf die Idee gekommen sich den Namen Franziskus als offiziellen Amts-Namen zuzulegen. Mit Blick auf das Mittelalter ist dies umso erstaunlicher, denn der 1181/82 geborene Franz von Assisi ist einer der am glühendsten verehrten Heiligen der römisch-katholischen Kirche.

◇

Franz von Assisi stammte aus einer wohlhabenden Tuchhändlerfamilie und hatte nur eines im Sinn: Gott zu dienen und diesen Dienst durch ein enthaltsames, entbehrungsreiches und opferwilliges Leben zu demonstrieren. Einst kniete der Heilige Franz mit zwölf Mitbrüdern vor Papst Innozenz III. und bat um nichts anderes als arm sein zu dürfen. Jahrelang zog er mit Kranken, Aussätzigen und völlig mittellosen Menschen durch die Straßen, schloss sich 1219 dem Kreuzzug an und predigte sogar vor muslimischen Soldaten. Selbst den Tieren, deren Sprache er beherrscht haben soll, wollte er das Wort Gottes nahebringen und las ihnen aus der Bibel vor.

Vielen seiner Zeitgenossen galt Franziskus als ein „neuer Christus“. Nur zwei Jahre nach seinem Tod wurde er 1228 von Papst Gregor IX. heiliggesprochen. Sich diesen großen

Namen als Jesuit zuzulegen, zeugt von einem bemerkenswerten Selbstbewusstsein.

◊

Vatikansprecher Federico Lombardi beeilt sich in den ersten Tagen mit der Feststellung, dass die nachgestellte Ordnungszahl I. solange nicht zu verwenden sei, wie kein weiterer Papst den Namen „Franziskus“ wählt. Viele Medien hatten den neuen Papst sogleich als „Franziskus den Ersten“ ausgerufen. Das ist falsch – Franziskus ist schlicht Franziskus.

◊

Sein neues Papstwappen entspricht dem ehemaligen erzbischöflichen Wappen – nur dass die Attribute Stern und Nardenblüte nun goldfarben sind statt silbrig. Der blaue Schild zeigt das Siegel der Gesellschaft Jesu, welches aus einer goldenen Sonne mit dem roten Christusmonogramm IHS (Iota, Eta, Sigma) besteht, einem roten Kreuz über dem Eta und drei schwarzen Nägeln als Zeichen der Kreuzigung Jesu und als Symbol für die Evangelischen Räte. Franziskus' Motto bleibt „Miserando atque eligendo” (Durch Erbarmen erwählt).

◊

Der Spruch geht auf den angelsächsischen Benediktinermönch Beda Venerabilis (673-735) zurück und ist Teil eines Bibeltextes, in welchem der Apostel Matthäus von Jesus erwählt wird. Als sich Jorge Mario Bergoglio mit 17 Jahren für den Priesterberuf entschied, habe diese Bibelstelle für ihn eine entscheidende Rolle gespielt, heißt es aus dem Vatikan.

◇

Am Tag nach der Wahl ist es dem Heiligen Vater ein Anliegen zur Mutter Gottes zu beten – und vielen Römern ist allzu offensichtlich, wohin er sich dafür begeben wird: zur Basilika „Santa Maria Maggiore“ am Esquilins-Hügel. Die Kirche aus dem 5. Jahrhundert ist berühmt für ihre frühchristlichen Mosaike, doch vor allem befindet sich in einer Seitenkapelle die Maria Salus Populi Romani, die eine Art Schutzheilige der Stadt ist und verantwortlich für das Wohl des römischen Volkes. Und der Papst ist eben in erster Linie auch der Bischof von Rom.
Bei seinem Besuch in der Basilika kniet Franziskus vor dem Marienbild nieder und betet, er verharrt zehn Minuten in Schweigen und legt einen Blumenstrauß auf den Altar. Anschließend verweilt er noch vor dem Altar

einer anderen Kapelle in der Kirche, in der Ignatius von Loyola, der Gründer des Jesuitenordens, seine erste Weihnachtsmesse feierte.

◊

Bei der ersten Messe in der Sixtinischen Kapelle am Donnerstag zelebriert der neue Papst an einem so genannten „Volksaltar" - mit einer Schauseite und einer Rückseite aus billigem Sperrholz. Papst Johannes Paul II. hatte diesen errichten lassen, den sein Nachfolger Papst Benedikt XVI. Wieder entfernen ließ. Zuletzt hatte der Pontifex aus Bayern nur noch an dem ursprünglichen Altar am Kopfende der Kapelle die Messe gehalten, mit dem „Gesicht zu Gott gewandt".
Franziskus blickte dagegen beim Gottesdienst den Kardinälen wieder ins Gesicht.
Damit zeigt er nicht nur eine Richtungsänderung an, sondern es ist eine neue Weltanschauung.

◊

Die ersten Worte auf Deutsch, die er mit leichtem spanischen Akzent als Neu-Papst spricht sind ein Zitat aus dem Geburtstagsgedicht des Dichters Friedrich

Hölderlin an seine Großmutter: „Es ist ruhig, das Alter, und fromm“. Dies geschieht bei seiner ersten Audienz für die Kardinäle in der Sala Clementina im Apostolischen Palast am Freitag, also zwei Tage nach der Wahl. Der Papst spricht in Hinblick auf das hohe Alter vieler Kardinäle über die Bedeutung des Alters als „Sitz der Weisheit“. Diese Weisheit müsse an die junge Generation weitergegeben werden.

◊

Am Sonntag, dem 17. März, taucht Papst Franziskus pünktlich um 12 Uhr am Fenster seines neuen Arbeitszimmers auf, um das erste öffentliche Angelus-Gebet in seiner Amtszeit zu beten. Das „Ave Maria“ rezitiert er in Latein, immer wieder brandet Beifall auf. Nach dem Apostolischen Segen hat der Heilige Vater wieder eine Überraschung parat: Statt dem sonst üblichen Gruß in allen Weltsprachen wünscht er den Gläubigen lediglich „Buon pranzo“ – „Guten Appetit“. Wenig später schickt er seine erste Twitter-Nachricht über @Pontifex an alle Follower: „Liebe Freunde, ich danke euch von Herzen und bitte euch, weiterhin für mich zu beten.”

◊

Es gibt ungewöhnliche Statements von ungewöhnlichen Menschen zur Papst-Wahl: Die deutsche DJ-Legende „WestBam“ lobt die coole Bescheidenheit des Heiligen Vaters: „Der macht nicht sozusagen den Rave-Chef, sondern es kommt nur so ein leichtes Hallöchen, schönen guten Abend, ihr Lieben.“ Der Berliner Musiker glaubt als Katholik an die Kraft des Heiligen Geistes – und ist überzeugt, dass dieser es war, der Bergoglio als Papst ausgesucht habe.

◊

Für seine Bodyguards ist Franziskus ein wahrer Schrecken – denn der Papst gibt sich nahbar, bis hin zu Berührungen. Vor dem Eingang zur Vatikankirche Sankt Anna badet er am ersten Sonntag nach seiner Wahl spontan und sorglos in der Menge, schüttelt Hände, weicht keiner Begrüßung aus, herzt die Menschen. Chef-Bodyguard Domenico Giani bleibt an diesem Tag nichts anderes übrig als die Dinge laufen zu lassen und mit saurer Miene dabei zu stehen.

◊

Der römische Pförtner Andreas ist so verwirrt, als der Papst höchstpersönlich am Telefon zu hören ist und für ein Gespräch mit dem Generaloberen Pater Adolfo Nicolas verbunden werden möchte, dass es zunächst ein paar beruhigende Worte braucht. Als der Papst merkt, wie sehr sein Anruf den Pförtner in Aufregung versetzt, fragt er ihn nach seinem Namen und erkundigt sich, ob es ihm an diesem Morgen gut gehe. Pförtner Andreas gibt zu, dass er eigentlich gut drauf sei, aber durch diesen Anruf völlig durcheinander.

Franziskus antwortet, dass er das gut verstehe und wartet geduldig, bis der Pförtner seiner eigentlichen Aufgabe nachgehen kann.

◊

Franziskus ruft auch eigenmächtig in seiner bisherigen Erzdiözese in Buenos Aires an. Die Ordensfrau am Telefon fragt: „Wer spricht?"

Er sagt nur: „Pater Georg."

„Eure Heiligkeit?" ist prompt die Gegenfrage.

Und Franziskus erwidert: „Ach was, hier ist Pater Georg."

◊

Tatsächlich scheint die Welt auf Franziskus zu „fliegen". Zu seiner Inauguration am 19.3.2013 reisen 132 Regierungsdelegationen aus aller

Welt nach Rom (die größte Delegation ist die deutsche, angeführt von Bundeskanzlerin Angela Merkel). Darunter 33 Staatsoberhäupter, zwölf Regierungschefs sowie sechs regierende Monarchen.

Nach der Messe dürfen die Staatsgäste dem neuen Papst die Hand reichen. Als erste gratuliert Argentiniens Präsidentin Cristina Kirchner dem Papst, da er Argentinier ist. Es folgen Italiens Staatspräsident Giorgio Napolitano sowie der amtierende Ministerpräsident Mario Monti.

Alle Gratulationen geschehen im Blitzverfahren: Jeder hat genau 30 Sekunden. Das wird abgestoppt.

◊

Kirchenpolitisch sorgt für Aufsehen, dass zum ersten Mal seit der Kirchenspaltung im Jahre 1054 auch der griechisch-orthodoxe Patriarch, Bartholomaios aus Istanbul, zur Einführung eines Papstes angereist ist. Bis dato kamen hohe Würdenträger wie er höchstens zu Begräbnissen. Die Umarmung zwischen dem Papst und Bartholomaios gilt als wichtiges Zeichen für die Einheit der Christen. Beide vereinbaren sie eine gemeinsame Reise nach Jerusalem. Die Kirchenfürsten wollen so die

Beziehungen zwischen den Kirchen weiter intensivieren.

◇

Franziskus würdigt auch die vielen Vertreter der islamischen Welt. Wenige Tage nach der Amtseinführung bietet er Großscheich Ahmad Mohammad al-Tayyeb, einem der wichtigsten Autoritäten des sunnitischen Islams, brieflich „volle Zusammenarbeit und Liebe“ an, „um gemeinsame Werte zu sichern und der Kultur des Hasses und der Ungleichheit ein Ende zu setzen“.

◇

Welche Schuhe trägt der Papst?
Eine solch profane Frage interessiert die Welt brennend. Franziskus' Vorgänger Benedikt XVI. hatte stets die feinen roten Mokassins an. Aber passt solches Schuhwerk zum neuen Papst? Nein, natürlich nicht, und deshalb trägt der Heilige Vater am 19. März, dem Tag seines Amtsantrittes, simple schwarze Schuhe mit Schnürsenkeln. Und er besteht auch darauf sie selber zu zubinden.

◇

Der Pontifex zieht Silber und silberfarbenes Metall dem teureren und edlerem Gold vor. Nur einige Beispiele:
Als Fischerring recycelt Franziskus einen Ring aus vergoldetem Silber aus der Ära Pauls VI. und der Zeit des Zweiten Vatikanischen Konzils. Und für das goldene Kreuz der Päpste will er nicht auf sein Eisenkreuz verzichten.
Hat diese Vorliebe möglicherweise auch mit seinem Herkunftsland zu tun? Argentinien leitet sich vom lateinischen Wort für Silber - *argentum* - ab und ist ein Hinweis dafür, was die spanischen Eroberer einst auf dem neu eroberten Kontinent zu finden hofften.

◇

Stets in der Nähe des Pontifex ist der gut aussehende Erzbischof Georg Gänswein, auch „George Clooney des Vatikans" genannt, der nun als Präfekt des Päpstlichen Hauses *und* Sekretär des zurückgetretenen Papstes Benedikt XVI. eine Doppelfunktion innehat. Es scheint ihm nichts auszumachen, im Gegenteil – der lockere, unverfälschte Stil seines neuen Herrn gefällt Gänswein. Eine seiner ersten Amtshandlungen ist Papst Franziskus aus der Klemme zu helfen: Die Tür der Papst-Wohnung will nicht aufgehen, als der Pontifex sie erstmalig betreten möchte. Gänzwein kennt sich jedoch mit der Macke der Tür aus, es gelingt ihm schnell sie zu öffnen. Dann schaltet der deutsche Erzbischof die Lichter ein und führt den Papst mit einer Gruppe von Kardinälen von Zimmer zu Zimmer.

◊

„Hier gibt es ja Platz für 300 Personen!“ soll der Papst nach dieser „Schlossführung“ ausgerufen haben.

Bis seine Möbel und Privatsachen aus Argentinien in Rom eintreffen, will der neue Papst im vatikanischen Gästehaus „Santa Marta“ wohnen bleiben. Doch das Provisorium wird schließlich zur Dauereinrichtung... Zwar ist dem Pontifex bewusst, dass seine Präsenz im Gästehaus mitunter schwierig ist, doch er sagt: „Wir leben hier wie Brüder“. Es sei einfach so, dass er unter Menschen sein müsse – das Alleinsein würde ihm nicht gut tun. „Convitto“, Wohnheim, nennt er das Gästehaus.

◊

Immerhin tauscht der Heilige Vater das kleine Zimmer, das ihm für das Konklave zur Papstwahl zugewiesen worden war, gegen eine Drei-Raum-Suite. In dieser kann er auch im

Rahmen seiner Tätigkeit Besucher empfangen. In „Santa Marta“ pflegt er einen herzlichen Umgang mit den Hausangestellten. Ganz frei und ungezwungen bewegt er sich unter den anderen Gästen und setzt sich im Speisesaal einfach dorthin, wo gerade Platz ist. In der Mensa empfängt er am 19. März Argentiniens Präsidentin Cristina Kirchner, die anfangs sehr erstaunt drein blickt, dass man sich sein Essen an der Selbstbedienungs-Theke holen muss.

◇

Wenn der Papst in „Santa Marta“ auf neue, ihm unbekannte Menschen trifft, spricht er diese sogleich an und erkundigt sich, wer sie sind und woher sie kommen. Einmal begegnet Bergoglio dem zweitjüngsten Kardinal der katholischen Kirche, Louis Antonio Tagle, Erzbischof von Manila, der mit seinen 55 Jahren noch sehr jugendlich wirkt. Zudem trägt Tagle an jenem Tag nur einen legeren Pulli, so dass der Papst ihn wohl mit einem Seminaristen verwechselt und mit „Guten Tag, junger Mann“ begrüßt. Als der philippinische Kardinal ihn aufklärt und sich außerdem beschämt über seine fehlende klerikale Kleidung äußert, soll Franziskus nur entgegnet haben: „Das sieht sportlich aus! Sie gefallen mir so.“

◇

Auch sonst hat Kardinal Tagle angenehme Erinnerungen an seinen Rom-Aufenthalt anlässlich des Konklaves. Eine Gruppe Jugendlicher habe ihn als „chinesischen Papst“ bezeichnet. In einem Restaurant sei er dann aber von anderen Gästen als Kardinal geoutet worden. „Das Dessert kriegte ich gratis“, erzählt Tagle schmunzelnd.

◊

Am Samstag, dem 23.3. findet ein besonderes und in der 2000-jährigen Kirchengeschichte einmaliges Gipfeltreffen in der päpstlichen Sommerresidenz Castel Gandolfo, 30 Kilometer südlich von Rom, statt: Der neue Papst besucht den alten, der frischgewählte Pontifex den emeritierten. Benedikt XVI. wartet am Hubschrauber-Landeplatz, als Franziskus gegen Mittag eintrifft. Bevor sie sich 45 Minuten lang zu einem Vier-Augen-Gespräch in die Bibliothek zurückziehen beten die beiden in der Privatkapelle der Anlage. Dort bietet der Papst a.D. dem amtierenden Pontifex den Ehrenplatz an, doch dieser antwortet, dass sie doch Brüder seien und daher nebeneinander in der selben Bank knien sollten.

◊

Beide sind sie von Kopf bis Fuss in Weiß gekleidet: Pileolus, Soutane, sogar die Haare aufgrund des fortgeschrittenen Alters – weiß. Benedikt XVI. bewegt sich am Stock, wirkt aber robust und persönlich bewegt. Mehrfach halten sich die beiden an der Hand. Dem alten Papst, ebenfalls ein glühender Verehrer der Mutter Gottes, hat Franziskus eine Ikone als Geschenk mitgebracht: Die „Madonna der Demut".

◇

Am Gründonnerstag vor Ostern besucht der Papst das Jugendgefängnis Casal del Marmo und wäscht beim Abendmahlsgottesdienst – nach dem Vorbild Jesu – zwölf Insassen mehrerer Nationalitäten und Religionen eigenhändig die Füße. Er selbst hat diesen Ort gewählt, denn schon als Erzbischof von Buenos Aires pflegte er die Messe in Haftanstalten, Krankenhäusern und Altersheimen zu feiern. Und schon damals hat er Frauen in die Fußwaschung einbezogen, wie auch jetzt: Zwei der Insassen sind Frauen, eine katholische Italienerin und eine muslimische Serbin. „Wer auch immer ganz oben steht, muss den anderen dienen", sagt der Papst ehe er sich bückt und mit der Fußwaschung beginnt.

◇

Die Gebete und Meditationen am Karfreitag auf dem Kreuzweg gelten der angespannten und kriegerischen Situation im Nahen und Mittleren Osten. Nachdenklich und im Gebet versunken geht Papst Franziskus die 14 Stationen des Leidens von Jesus Christus nach und beschliesst die feierliche Zeremonie mit den Worten: „Die Christen müssen auf das Böse mit dem Guten antworten."

◊

Am Palmsonntag erinnert das Kirchenoberhaupt daran, sich auch von Schwierigkeiten nie entmutigen zu lassen. „Unsere Freude entsteht nicht durch Besitztümer, sondern aus der Begegnung mit Jesus. Mit ihm sind wir nie allein, auch nicht in den schwierigen Momenten, in denen uns die Probleme unüberwindbar erscheinen." Es gelte, auch im höheren Alter ein „junges Herz" zu bewahren. Wer in Christus lebe, altere nie.

◊

April

Schon bald nach der Papstwahl beginnt sich die argentinische Hauptstadt Buenos Aires für den Papst-Tourismus zu rüsten: Gemeinsam mit dem Erzbistum arbeitet die Stadtverwaltung eine spezielle Papst-Route aus, welche zu den einzelnen Lebensstationen und Wirkungsstätten des jungen Bergoglio und späteren Erzbischofs führt. Unter anderem zu seinem Geburtshaus, seiner früheren Schule, und zu der Kirche, die er einst mit seiner ganzen Familie zu den Messen besucht hat. Die Tango-Bars, in denen er als junger Mann zu tanzen pflegte, spart man jedoch aus Pietätsgründen aus.

◇

Die deutsche TAZ ist bekanntlich erfindungsreich bei der Wiedergabe von „Papst-Anekdoten“, folgendes veröffentlicht sie aus dem Leben von Jorge Mario Bergoglio:
Eines frühen Abends im Spätsommer spazierte der bescheidene Bischof von Buenos Aires am Ufer des Rio de la Plata entlang, als ihm mit einem Mal ein kleiner Terrier über den Weg lief. Das Hündchen wedelte zwar mit dem Schwanz, bellte ihn jedoch mit aller Kraft an: „Wuff, wuhuff, wuff …“. Da schüttelte Bischof Bergoglio energisch den Kopf und antwortete

dem wütenden Tier: „Ich bin doch nicht der Doktor Dolittle! Ich versteh dich nicht, Hundchen!“ Traurig trollte sich der Terrier. Dem Bischof aber war es, als hörte er tief im Innern die Stimme des heiligen Franz von Assisi, der einst mit den Tieren gesprochen hatte, und in ihm reifte ein feiner Plan.
Es ist sehr wahrscheinlich, dass diese Geschichte in einer feucht-fröhlichen Redaktionsrunde entstanden ist.

◇

Es sind einfache Leitsätze, die zu beachten der Papst den Menschen aufgibt: Sagt Ja zum neuen Leben! Fürchtet niemanden so sehr wie den Teufel! Betet für jene, die ihr am wenigsten leiden könnt! Merkt es euch: Gott lebt, und er ist barmherzig! Sprecht es mir nach, dreimal! Gott lebt, und er ist barmherzig!
Es sind Sätze, die seit Jahrhunderten von den Kanzeln dieser Welt gepredigt werden, doch aus dem Mund des südamerikanischen Papstes bekommen sie plötzlich einen neuen Klang. Und eine neue Gewichtung. Die Römer strömen wieder in die Beichtstühle, seit Papst Franziskus sie erinnert hat, dass es dort keine Seelen-Reinigung im Schnellverfahren gibt, sondern dass sie vielmehr im Beichtvater „Gott begegnen“.

◇

Mit seinem Vorhaben, eine „arme Kirche für die Armen" zu etablieren, schafft Papst Franziskus im Vatikan sogleich Fakten: Die üblichen Sondergratifikationen für die Angestellten zum Pontifikatswechsel werden kurzerhand gestrichen, ebenso die Extra-Boni für die Kardinäle. Der damit eingesparte Betrag soll für soziale Projekte verwendet werden.

◊

Seine Bescheidenheit zeigt sich ganz augenfällig in seiner Signatur: Sie ist noch viel feiner und zarter als die Unterschrift des alten Papstes. Es sind winzige Lettern, kleiner als ein Zentimeter – und das bei diesem passionierten, charakterstarken und stets so präsenten Mann.

◊

Papst-Witze beginnen zu kursieren, einer davon geht so:

Bei einem schweren Unwetter schlägt ein Blitz im Vatikan ein und bald brennt die Residenz von Papst Franziskus lichterloh. Die Feuerwehr rückt an und versucht den Brand unter Kontrolle zu bringen, da ruft jemand: „Papst Franziskus ist noch drin!!!" Sofort stürmt ein Feuerwehrmann todesmutig in das brennende Gebäude und dringt in das Arbeitszimmer des Papstes vor. Der sitzt dort seelenruhig und betet. Als der Feuerwehrmann ihn retten will, antwortet der Papst bloß „Gott wird mich retten“ und weigert sich mitzukommen. Dasselbe erleben zwei weitere Feuerwehrmänner, die den Heiligen Vater in Sicherheit bringen wollen. Als schließlich das Gebäude zusammenbricht, stehen die Retter hilflos davor... Franziskus seinerseits findet sich im Himmel wieder – erstaunt fragt er Gott: „Ich habe darauf vertraut, dass du mich rettest! Wieso hast du das nicht getan?” Gott erwidert: *„Ich habe dir DREIMAL einen Lebensretter gesandt, aber du hast einfach abgelehnt...“*

◊

Mai

Spätestens jetzt fällt auf, dass der Papst nie singt. Und dies ist umso verwunderlicher, da Südamerikaner doch als ausgesprochen rhythmisch und musikbegeistert gelten...
Manch einer mutmasst, dass es an der Lungenoperation liegen könne, bei welcher dem jungen Bergoglio sogar ein Stück seines rechten Lungenflügels entfernt wurde. Ist seine Stimme also zu schwach? Zu heiser? Dagegen spricht, dass sich der Papst beim Reden laut und kraftvoll auszudrücken vermag.
Nun, der Grund ist ganz simpel und der Papst gibt es unumwunden zu: „Ich bin schrecklich unmusikalisch.“

◊

Der Papst outet sich als echter Kavalier... Nach einer Sonntagsmesse, bei welcher sich unzählige Gläubige auf dem Petersplatz drängeln, um den Pontifex zu sehen und ihm nahe zu sein, entgleitet einer älteren Frau im Rollstuhl die Handtasche. Sie fällt Franziskus, der gerade durch die Menge schreitet, direkt vor die Füsse. Spontan bückt sich der Argentinier und reicht sie mit einem charmanten Lächeln der gehbehinderten Frau.

◊

Aufmerksamkeit schenkt er auch einem Beschützer der Schweizergarde, der vor seinem Zimmer im Gästehaus „Santa Marta“ Wache schiebt. Der Heilige Vater bringt ihm einen Stuhl heraus und einen Happen zu essen – Hühnchen auf Toast.

◊

Es ist allseits bekannt, dass Papst Franziskus seit seiner Kindheit ein Fußball-Fan des argentinischen Erstligaclubs Atlético San Lorenzo de Almagro ist. Auch in seinem hohem Amt trägt er weiterhin gerne das Trikot seines Vereins, mehrmals ist der Papst beim Frühstück im Gästehaus „Santa Marta“ darin gesehen worden. Eines Tages ist es jedoch mit dem Spass vorbei und hartnäckig hält sich das Gerücht, dass ihm das Tragen dieses Kleidungsstückes verboten worden sei.

◊

Aus dem Speisesaal des Gästehauses wird eine weitere Episode publik: Einmal soll dort ein Bischof an den Tisch des Papstes getreten sein und gefragt haben: „Heiliger Vater, darf ich mich zu Ihnen setzen?“ und Franziskus habe geantwortet: „Setz dich nur her, Heiliger Sohn!“

◊

Zur Pfingstvigil am 18. Mai kommen auf dem Petersplatz knapp 200.000 Gläubige von zahlreichen kirchlichen Gruppierungen zusammen. Der Papst beantwortet in seiner Ansprache vier Fragen, die ihm vorab gestellt worden sind und macht gleich zu Beginn einen gedanklichen Abstecher in sein frühes Leben: Da war es vor allem seine Großmutter, die Mutter seines Vaters, die ihm und seinen Geschwistern von Jesus erzählt und im Katechismus unterrichtet hat. Karfreitag ist sie mit den Kindern immer zur Kerzenprozession gegangen und als am Ende der ruhende Christus vorbeigetragen wurde, ließ die Großmutter die Kinder niederknien und sagte: „Er ist gestorben, aber morgen wird er auferstehen!"
Für Franziskus ist das Fazit dieser Anekdote, dass für Kinder und Jugendliche die Einführung in den Glauben vor allem von den nächsten Verwandten zu geschehen habe: „Die erste christliche Verkündigung habe ich von meiner Großmutter erhalten." Enthusiastisch wendet sich der Papst sodann an die Zuhörerinnen auf dem Petersplatz: „Alle Frauen, die hier sind, alle Großmütter, denkt daran: Den Glauben weitergeben! Denn Gott stellt uns Menschen an die Seite, die unseren Glaubensweg fördern. Wir finden den Glauben nicht im Abstrakten, nein! Da ist immer ein Mensch, der predigt, der uns

sagt, wer Jesus ist; der den Glauben an uns weitergibt, uns die erste Verkündigung bringt.“

♢

Austausch der besonderen Art: Bei seiner Fahrt durch die Pilgerreihen auf dem Petersplatz vor der wöchentlichen Generalaudienz stoppt Franziskus diesmal vor einem kleinen Mädchen, nimmt ihr das Käppchen vom Kopf und setzt ihr im Gegenzug seines auf. Mit dem Tausch scheinen beide einverstanden zu sein, der Papst und das Kind wechseln ein paar Worte, lachen und finden sich gegenseitig komisch mit den neuen Hütchen.

♢

Zum Ende des Marien-Monats beschäftigt ein Video die Medien und Menschen weltweit: Zu sehen ist darin der Heilige Vater, wie er einem Rollstuhlfahrer die Hände auf den Kopf legt und ein längeres Gebet spricht. Diese intensive Geste lässt sofort die Vermutung aufkommen, dass der Pontifex in aller Öffentlichkeit einen Exorzismus durchgeführt hat. Bei dem Rollstuhlfahrer handelt es sich um den 43-jährigen Mexikaner Angel V., der bei der Berührung und während des Gebetes des Papstes tatsächlich eine sichtbare körperliche Reaktion zeigt. Umstehende wollen sogar gehört haben, dass er seltsame Laute von sich gab. Nach seinen eigenen Worten hat Angel V. Bereits mehrere Exorzismen hinter sich, konnte aber bislang nicht vollständig befreit werden. Roms berühmtester Exorzist Gabriele Amorth bestätigt auf Anfrage, dass er selber bereits den Mexikaner behandelt und dass Papst Franziskus wirklich ein Befreiungsgebet gesprochen habe. Auch der Chef-Exorzist der Diözese Rom, Msgr. Attilio Cavalli, erklärt, dass es sich um ein Heilungs-, bzw. Befreiungsgebets gehandelt habe – und die Medien sollten nicht so ein Aufsehen darum machen: „...Alle denken an was weiß ich was, doch auch ein einfaches „Vater unser" enthält einen Exorzismus." Die Bitte nämlich: Und erlöse uns von dem Bösen.

◊

Am Abend des letzten Donnerstags im Mai führt Papst Franziskus seine erste Fronleichnamsprozession durch die Straßen Roms an. Gemeinsam mit Kardinälen, Bischöfen, Ordensleuten und vielen tausend Gläubigen folgt der Pontifex zu Fuss dem Allerheiligsten – der Monstranz mit der als Leib Christi verehrten Hostie – die sich auf der Ladefläche eines überdachten Pickups befindet. Die Strecke vom Lateran zur Basilika Santa

Maria Maggiore misst etwa einen Kilometer und während seine beiden Vorgänger eine fahrbare Plattform benutzten, wandert der neue Papst mit den anderen Menschen mit. Sein Schritt ist ein wenig schwer und nicht durchgehend sicher, der Kopf sinkt manchmal auf die Brust. Es ist dem Papst anzumerken, dass es als oberster Hirte nicht immer einfach ist, diesen langen Menschenzug und darüber hinaus eine Milliarde Schäflein zu leiten.

Juni

Die Eucharistische Anbetung im Petersdom am Sonntag, dem 2. Juni, ist ein Höhepunkt im „Jahr des Glaubens“, das ja noch bis November andauert. Um 17 Uhr römischer Sommerzeit beginnt die große Gebetsstunde, die gleichzeitig, aber natürlich zu unterschiedlicher Tages- und Nachtstunde in unzähligen Kathedralen, Kirchen und Klöstern rund um den Erdball begangen wird. Durch die Zeitverschiebung wird das Allerheiligste in Vietnam um 22 Uhr und auf Hawaii um fünf Uhr morgens ausgesetzt. Insgesamt beteiligen sich Kirchen in über 70 Ländern, der Leitspruch lautet „Ein einziger Herr, ein einziger Glaube“. Während der Anbetungsstunde im Petersdom begleitetet Harfenmusik die Gebete früherer Päpste von Pius XII. bis Benedikt XVI. Der Papst hat vor allem den Wunsch, dass die Gläubigen für jene beten, die „unter den neuen Formen von Sklaverei leiden, für die Opfer von Kriegen, von Menschen- und Drogenhandel, für die Kinder und Frauen, die unterschiedlichen Formen von Gewalt ausgesetzt sind“.

◊

Mitte Juni ist Franziskus 100 Tage Papst. Dies ist für viele ein Anlass eine erste Bilanz zu ziehen über ihn und seine Amtsführung, über bereits getätigte Entscheidungen und angekündigte Vorhaben. So betont Adveniat-Geschäftsführer Prälat Bernd Klaschka in einem Interview mit dem Kölner „Domradio“, dass der Heilige Vater es sehr wohl verstünde sich im Vatikan durchzusetzen. Die Gründung eines achtköpfigen Kardinalskollegium, das ihn berät sei seine Idee gewesen, die er unbedingt verwirklicht sehen wollte. Denn der Pontifex sagt über sich selbst: Im Organisieren bin ich nicht besonders gut, dafür brauche ich das Achtergremium. Er scheut sich nicht, diese Schwäche zuzugeben.

◊

Nach drei Monaten im Amt bewerten 92 Prozent der Italiener die Wahl von Papst Franziskus als positiv. Ungebrochen stark ist der Zustrom an Gläubigen zum sonntäglichen Angelusgebet und zu den Generalaudienzen auf dem Petersplatz. Ein Polizist erzählt, dass sie an einem gewöhnlichen Mittwoch nicht nur die Via della Conciliazione, sondern auch die Seitenstrassen sperren müssten.

◊

Und wie unterschiedlich sind die Menschen, die sich den päpstlichen Segen holen! Da knattern an einem Sonntagvormittag plötzlich tausende Rocker in Lederjacken und Biker-Boots auf schweren Maschinen über den Petersplatz, postieren sich neben still betenden Gläubigen und reissen begeistert die Arme hoch, als der Heilige Vater sie mit strahlenden Augen segnet. Es ist der 110. Geburtstag von US-Motorradhersteller Harley Davidson und der wird vier Tage lang in Rom gefeiert – damit's aber so richtig kultig wird steht ein Besuch im Vatikan auf dem Programm. Gottesdienst inklusive. Und so sitzen ein paar wilde Kerle zwischen Nonnen und frommen Katholiken in der anschließenden Heiligen Messe.

◇

„Ich habe euch einen Text vorbereitet, aber das sind fünf Seiten. Etwas langweilig“, beginnt der Papst seine Ansprache vor achttausend Schülerinnen und Schülern jesuitischer Schulen aus Italien und Albanien. Dann legt er sein Manuskript beiseite. Sagt, falls es doch jemanden interessiere, was darin stehe, könne er ja bei seinem Pressesprecher nach dem Skript fragen. Und gibt dann den Jugendlichen eine Lektion in Sachen Schulbildung in seinen eigenen Worten: „Vor allem anderen gilt: Seid freie Menschen! Was bedeutet das? Vielleicht denkt man, dass Freiheit bedeute, machen zu können, was man wolle, vielleicht sogar sich aufs Spiel setzen und den Rausch auszuprobieren, um die Langeweile zu überwinden. Das ist nicht Freiheit. Freiheit bedeutet das zu betrachten, was wir tun und einschätzen können, was gut ist und was schlecht, welches Verhalten uns wachsen lässt. Freiheit bedeutet, immer das Gute zu wählen. Wir sind frei für das Gute."

Dann schlägt er den Schülern vor, ihm einfach Fragen zu stellen. Das lateinische Wort Audienz nimmt Franziskus auch für sich selbst ganz wörtlich: Audire – hören!

◇

Juli

Seit nunmehr achtzig Jahren kommen die Papamobile aus Deutschland - genauer gesagt aus Stuttgart, von der Firma Daimler. Doch als besondere Überraschung für den Heiligen Vater hat Daimler-Chef Dr. Dieter Zetsche diesmal nicht ein vierräderiges Gefährt dabei, sondern ein Zweirad der Marke Smart. Auf diesem Elektrofahrrad kann der Papst mit bis zu 25 km/h durch Rom düsen...

Eine ganz neue Erfahrung für den Pontifex, der in seiner Heimat Argentinien regelmäßig geradelt ist (auch im Dienst), aber noch nie auf einem E-Bike unterwegs war. Zetsche wird wohlweisslich den Preis des edlen Velos verschwiegen haben (2.900 Euro), denn der „Papst der Armen" hätte ein solch teures Präsent bestimmt abgelehnt und wäre wieder auf sein altes Holland-Rad umgestiegen.

◇

Wer in Rom kennt nicht die drei Buchstaben SCV? Sie stehen auf jeder Autonummer aus dem Vatikan und bedeuten: Stato della Città del Vaticano. Wenn die Römer aber die Kardinäle in ihren dicken Mercedes-Limousinen durch die Stadt fahren sehen, spotten sie gerne: SCV, das heiße in Wahrheit: „Si Christus vidisset“ – wenn Christus das sehen würde!

◇

Auch deshalb richtet Franziskus den dringlichen Appell an alle, alle Priester auf der ganzen Welt auf bescheidenere Autos umzusteigen. Eigenmächtig stiefelt der Pontifex sogar in die Parkgarage des Vatikans und sucht diese nach verdächtig neuen Luxuskarossen ab. Im fernen Kolumbien hat sich Pfarrer Hernando Fayid sofort die Worte seines obersten Chefs zu Herzen genommen und verkündet, dass er seinen schicken weißen Mercedes Cabrio E200 verkaufen wolle. Dieser sei zwar ein Geschenk seiner vier Brüder, aber es würde ihm nichts ausmachen die Nobelkarosse wegzugeben. Was er mit dem zu erwartenden Erlös von über sechzigtausend Dollar anfangen wolle, kann der Geistliche noch nicht sagen. Für eine geeignete Idee in dieser Sache böte sich an, den Papst einfach mal anzutwittern (@Pontifex).

◇

Seine erste Reise als Papst unternimmt Franziskus auf die italienische Mittelmeerinsel Lampedusa, die seit vielen Jahren Anlaufpunkt für Bootsflüchtlinge aus Afrika ist. Seit 1999 sind fast eine Viertelmillion Menschen auf der nur etwa 25 Quadratkilometer großen Insel gelandet, um von dort aus in die wohlhabenden Länder des Nordens zu immigrieren. Die Überfahrt in oft primitiven Booten nach Europa gilt als gefährlich, etliche Flüchtlinge – wohl über 20.000 – kamen bislang ums Leben. Der Pontifex hat Lampedusa bewusst gewählt, denn von hier aus lässt sich die Gleichgültigkeit der westlichen Welt gegenüber dem Schicksal von Migranten beispielhaft anprangern. Die Wohlstandskultur führe dazu, so der Papst, dass wir nur an uns selber dächten, sie mache gefühllos für den Aufschrei der Anderen und lasse uns in schönen Seifenblasen leben. Gott müsse um Vergebung gebeten werden für diese Gleichgültigkeit.

◇

Während seines Aufenthaltes auf Lampedusa macht er spontan vor, was es heißt sich gegen den Komfort der Oberklasse zu entscheiden: Papst Franziskus lässt seine Luxuslimousine stehen, aus der sich schwerlich Demut und Bescheidenheit predigen lässt und leiht sich kurzerhand einen Fiat Campagnolo von einem Touristen. In dem schon etwas bejahrten Geländewagen fährt er durch die Menge.

◇

Seine allererste Auslandsreise führt ihn zurück auf seinen Heimat-Kontinent – Papst Franziskus reist vom 22. bis 28. Juli zum 28. Weltjugendtag ins brasilianische Rio de Janeiro. Bereits auf seiner Fahrt im Minivan vom Flughafen in die Stadt bekommt der Heilige Vater das stürmische Temperament der Südamerikaner zu spüren: Durchs offene Autofenster werfen sie ihm Briefe und Geschenke auf die Rückbank.

◊

Als bekennender Fussballfan ist Papst Franziskus in einer Soccer-Nation wie Brasilien besonders willkommen: Eine erste Amtshandlung ist, die Flagge der Fußball-WM 2014 zu segnen und die Fußball-Legende Pelé zu treffen.

◊

Anlässlich des Weltjugendtages fällt die Apostolische Pönitentiarie - das ist der Bußgerichtshof des Vatikans – eine bemerkenswerte Entscheidung: Wer dem mehrtägigen Ereignis per Twitter folgt, kann auf einen vollständigen Ablass hoffen! Anders ausgedrückt: Wer online live dabei ist, dem wird die vorzeitige Entlassung aus dem Fegefeuer in

Aussicht gestellt. Ganz so einfach wie es sich anhört ist das allerdings nicht – der Twitterer muss zuvor die Beichte abgelegt, die heilige Kommunion empfangen und „im Sinne des Heiligen Vaters“ gebetet haben. So empfiehlt es der Vatikan. Selbstredend, dass man dies mit ganzem Herzen und voller Überzeugung tun sollte, schließlich guckt der liebe Gott nicht aufs Smartphone sondern ins Herz.

◇

Papst Franziskus unterzeichnet ein Dekret zur doppelten Heiligsprechung seiner Vorgänger Johannes XXIII. und Johannes Paul II. Letzterer hatte durch sein Wirken als Papst zum Ende des Kommunismus in Osteuropa beigetragen und später im Alter durch seine Gebrechlichkeit sein Kreuz für alle sichtbar auf sich genommen. Johannes XXIII. hat mit dem Zweiten Vatikanischen Konzil in den 1960er Jahren die Erneuerung und Modernisierung der katholischen Kirche eingeleitet. Für beide Erhebungen in den Heiligenstand setzt sich Papst Franziskus über formale Hindernisse hinweg: Beim Konzils-Papst Johannes XXIII. Verzichtet er auf den Nachweis für ein zweites Wunder. Und der populäre Johannes Paul II. wird nur neun Jahre nach seinem Tod ebenfalls am 27. April 2014 heilig gesprochen.

August

Papst Franziskus überrascht nach wie vor ganz „normale“ Menschen mit seinen Anrufen und seinem lockeren Verhalten bei diesen Telefonaten. „Wir können uns duzen“, bietet das Kirchenoberhaupt dem völlig verdutzten Stefano Cabizza an, einem 19-jährigen Ingenieurschüler aus Padua, der einen Brief an Papst Franziskus geschrieben hatte, aber niemals eine solch direkte Reaktion in Betracht zog. Dass der Papst sogleich die vertraute Du-Form wählt begründet er gegenüber Stefano damit, dass „Jesus und seine Jünger sich auch geduzt haben.“ Der Pontifex und der Student unterhalten sich mehrere Minuten lang, scherzen, lachen gemeinsam, ehe der Heilige Vater am Ende den jungen Mann segnet und ihn bittet, ebenso für ihn und seine Aufgabe auf Erden viel zu beten.

◇

Am 19. August führt der Chefredakteur der Jesuitenzeitschrift Civitá Cattolica, Antonio Spadaro SJ, ein ausführliches Interview mit Papst Franziskus. Die Eingangs-Frage des Reporters lautet: „Wer ist Jorge Mario Bergoglio?“ Der Papst schweigt kurz, überlegt, und antwortet dann: „Ich weiß nicht, was für eine Definition am zutreffendsten sein könnte…

Ich bin ein Sünder. Das ist die richtigste Definition. Und es ist keine Redensart, kein literarisches Genus. Ich bin ein Sünder."

◇

Vorab beschreibt Pater Spadaro eingehend das Zimmer von Papst Franziskus im Gästehaus „Santa Marta" – er empfindet es als äußerst schmucklos, beinahe karg. Es gibt nur wenige Bücher, wenig Papier, wenige Kunstgegenstände. Darunter eine Ikone des heiligen Franziskus, eine Statue Unserer Lieben Frau von Luján, der Schutzpatronin Argentiniens, eine Statue des schlafenden heiligen Josef. Die Spiritualität des Papstes gründet in der Schau menschlicher und doch so heiliger Gesichter: Christus, der heilige Franziskus, der heilige Josef, Maria.

◇

September

Den 7. September bestimmt Papst Franziskus als weltweiten Friedensgebetstag – insbesondere soll für den Frieden in Syrien und dem Nahen Osten gebetet und auch gefastet werden. Denn die Situation dort droht zu eskalieren, eine militärische Intervention scheint möglich und damit eine Ausweitung des Konfliktes. Der Appel des Papstes ist so dringlich, dass sich ihm sogar Muslime und Juden anschliessen.

◊

Es ist eine so simple wie berechtigte Frage: Erhält der Papst in seiner außerordentlichen Position als Oberhaupt der katholischen Kirche und des Vatikanstaats auch ein außerordentliches Gehalt? Die Antwortet lautet: Nein, der Pontifex verdient trotz seiner großen Macht nichts, nicht einen einzigen Cent, während ein Kardinal mit rund 2.500 Euro monatlich entlohnt wird. Dafür bekommt der Papst alles gestellt, was er zum Leben und Reisen benötigt. Nur eben kein Bargeld.
Aber ob es ihm nicht ab und an komisch vorkommt, sich nicht mal selber ein Eis kaufen zu können?

◊

Was ist eigentlich der Unterschied zwischen
Martin Luther und Papst Franziskus?
Martin Luther sprach auf dem Reichstag zu
Worms: „Hier stehe ich, ich kann nicht anders,
Gott helfe mir!“
Papst Franziskus spricht dagegen zur Kurie in
Rom: „Hier sitze ich, ich kann noch ganz anders,
Gott helfe euch!“

Oktober

Am 1. Oktober veröffentlicht die bedeutende italienische Tageszeitung „La Repubblica" ein Interview ihres Gründers Eugenio Scalfari mit dem Papst, das eine Woche zuvor geführt worden ist. Ausgangspunkt für diesen persönlichen Austausch sind Fragen gewesen, die der bekennende Atheist und Freimaurer Scalfari im Juli öffentlich in seiner Zeitung dem Pontifex gestellt hatte. Insbesondere interessierte den inzwischen 89-jährigen Journalisten die theologisch-philosophischen Grundpositionen des Papstes, den er als „unschuldig wie eine Taube, aber auch schlau wie ein Fuchs" einschätzt. Der Papst überraschte mit seinen schriftlichen Antworten, die er dem „hochgeschätzten Doktor Scalfari" in die Redaktion schickte. Dessen erste und wohl brennendste Frage war, ob man auch als ungläubiger Mensch Vergebung von Gott für seine Sünden erwarten könne? Der Papst hebt daraufhin hervor, dass Gottes Barmherzigkeit grenzenlos sei, aber wenn ein Mensch nicht an ihn glauben könne, so solle sein Gewissen die Richtschnur seines Handelns sein: „Sünde ist, wenn man gegen das Gewissen handelt, auch für die, die nicht glauben."

◇

Pünktlich zum Festtag seines Namenspatrons, dem heiligen Franziskus, besucht der Pontifex am 4. Oktober das umbrische Assisi. Der Tradition des Heiligen folgend ruft er zur Solidarität mit den Armen und Schwachen auf. Und jene Gläubige, die nicht zum Verzicht bereit seien und eine bequeme Religion leben wollten, bezeichnet Papst Franziskus als „Zuckerbäcker-Christen mit schönen Torten, aber keine wahren Christen".

◊

In seiner Rede erinnert der Papst daran, dass Franz von Assisi ebenfalls ein „gutsituiertes Leben ohne Sorgen" geführt und es verlassen habe, um radikal Christus nachzuahmen. Sein Frieden sei keine „Gefühlsduselei" gewesen. Sodann bittet der Papst um ein Ende aller bewaffneten Konflikte und ruft seine Zuhörer - darunter der italienische Ministerpräsident Enrico Letta - dazu auf, die Schreie der Leidenden in dieser Welt zu erhören.

◊

„Wozu braucht die Kirche eine Bank?" fragt der Heilige Vater und möchte nach etlichen Skandalen in der Vergangenheit die vatikaneigene Bank IOR („Istituto per le Opere di Religione“, auf Deutsch: Institut für die religiösen Werke) am liebsten abschaffen. Doch ganz ohne Konten geht es anscheinend nicht:

Orden, Klöster und Landeskirchen auf verschiedenen Kontinenten und in diversen Ländern nehmen Spenden ein, zahlen Gehälter, finanzieren Krankenhäuser und Schulen... Dies müsse überwacht und reguliert werden, so die Berater des Heiligen Stuhles. Außerdem bringe die Bank Geld ein – alleine 55 Millionen Euro im Jahr 2012. Mit einer solch beträchtlichen Summe könne viel geholfen werden. Der Papst entscheidet: Die Bank bleibt bestehen, allerdings unter einer „päpstlichen Kommission“ - denn sie müsse moralisch sauber, transparent und jeglicher Zweifel enthoben sein.

◊

Keine Frage, Papst Franziskus hat echte Großvater-Qualitäten. Das erkennt auch ein kleiner Junge beim großen Familientreffen auf dem Petersplatz in Rom mit hunderttausend Pilgern aus 75 Ländern. Gerade spricht der Papst über die wichtige Rolle der Großeltern, als der etwa Fünfjährige in gestreiftem Pulli, Jeans und Turnschuhen auf ihn zu stapft und es sich zunächst auf dem weiß gepolsterten Stuhl des Kirchenoberhauptes bequem macht. Lange hält er es dort nicht aus, klettert also wieder runter und umklammert sodann die Beine des Papstes, der sich in seiner Rede nicht unterbrechen lässt und unter dem Gelächter des Publikums durch die Haare des Kindes wuschelt. Rund zwanzig Minuten bleibt der Junge auf Tuchfühlung und lässt sich auch mit Bonbons nicht weglocken. Schließlich geht er zurück auf seinen Platz – freiwillig. Italienische Medien berichten am nächsten Tag, dass der Junge aus Kolumbien stammt und mit seinen Adoptiveltern in Lanciano in den Abruzzen lebt.

November

In einer Frühmesse warnt der Heilige Vater davor, zu viele Wunder vom Himmel zu erwarten und allzu neugierig zu sein, was die Vorsehung Gottes beträfe. Der „Geist der Neugier“ sei „kein guter Geist“, so Franziskus. „Es ist der Geist der Vergeudung, des Sich-von-Gott-Entfernens und der Geschwätzigkeit.“
Er verweist in seiner Rede auch auf die Gottesmutter Maria. Natürlich liebe sie alle Menschen, sei aber „nicht die Leiterin einer Postfiliale, die jeden Tag Botschaften schickt“.

◊

Eine römische Tageszeitung vermeldet, dass Papst Franziskus nächtliche Streifzüge rund um den Vatikan unternehme, um Armen und Obdachlosen Geld und Metrokarten zuzustecken und Trost zu spenden. Das führt in Rom sogleich zu wilden Spekulationen.
Handelt es sich bei dieser Nachricht um eine Zeitungsente oder muss man sich den Heiligen Vater tatsächlich wie eine Art Robin Hood in weißer Soutane vorstellen? Abwegig ist dieser Gedanke nicht, schließlich zeigt Franziskus immer wieder ein großes Herz für Bedürftige. Auslöser für diese Geschichte war letztendlich eine Bemerkung von Erzbischof Konrad

Krajewski, dem päpstlichen Beauftragten für soziale und karitative Fragen, der erzählte: „Wenn ich dem Papst sage, dass ich mich jetzt aufmache um nachts die Armen zu besuchen, dann sagt er mir: 'Warte, ich komme mit'. Wir wissen aber natürlich, dass das aus Sicherheitsgründen nicht geht.“ In Wahrheit ist es also Krajewski, der des öfteren abends losgeht, um Almosen in den Straßen zu verteilen. Im vorigen Jahr waren es über eine Million Euro, die an tausende arme Menschen verschenkt wurden, und in diesem Jahr soll sich die Summe sogar nochmal verdoppeln. Darauf besteht der Papst.

Trotz Dementi aus dem Vatikan bleibt die Tageszeitung „La Repubblica“ bei ihrer Version, dass der Papst persönlich mindestens einmal bei Krajewskis Streifzügen mit dabei war – Sicherheitsvorkehrungen hin oder her.

◇

Das Bild befremdet und berührt gleichermassen: Bei einer Generalaudienz Anfang November schließt Papst Franziskus einen Mann in die Arme, der durch eine Unzahl von Geschwüren völlig entstellt ist. „Er zögerte keinen Moment mich in den Arm zu nehmen“, äußert Vinicio Riva aus Isola hernach gegenüber dem italienischen Nachrichtenmagazin „Panorama“.

„Meine Krankheit ist nicht ansteckend, aber das wusste der Papst ja nicht, er umarmte mich sofort. Er streichelte meine Geschwüre, den Kopf, dann drückte er mich sanft an seine Brust. Es dauerte nur eine Minute, aber mir schien es endlos.“ Riva wollte währenddessen etwas zum Papst sagen, aber er bekam aus Aufregung kein Wort heraus. Weil die Krankheit Neurofibromatose sein Äußeres so ungünstig verändert habe, nähme ihn nicht einmal mehr sein eigener Vater in die Arme, so Riva. Die innige Berührung auf dem Petersplatz sei daher für ihn „wie ein Paradies“ gewesen.

◊

Hat es so etwas schon mal gegeben...? Der Papst will durch eine weltweite Umfrage in Erfahrung bringen, wie die Gläubigen zum katholischen Eheverständnis, zu Verhütung und Scheidung stehen. Ein Fragebogen wird also an 4.700 Bischöfe verschickt, die diese Themen mit ihren Gemeindemitgliedern erörtern sollen. Auf der Bischofskonferenz zum Thema Familie im Oktober 2014 werden die Ergebnisse der Umfrage Grundlage für die Gespräche sein. Mehrfach schon hat Papst Franziskus zu Barmherzigkeit gegenüber Geschiedenen und zu Toleranz gegenüber Homosexuellen aufgefordert: „Es darf keine spirituelle

Einmischung in das persönliche Leben geben", hat der Papst einmal betont. Und angefügt, dass die Kirche zuerst die Wunden und Verletzungen der Menschen zu heilen habe, statt sie moralisch zu kategorisieren.

◇

Ende November erscheint sein erstes Apostolisches Schreiben „*Evangelii Gaudium*", in welchem Papst Franziskus auf 180 Seiten das Thema der Verkündigung der Frohen Botschaft in der Welt von Heute darlegt und entwickelt. Es ist quasi das Regierungsprogramm seines Pontifikats, das eine realistische Analyse des Status Quo der Kirche einschliesst, aber vor allem ein Aufruf zu neuer Glaubensfreude sein soll. Der Papst fordert eine heilsame Dezentralisierung innerhalb der Kirche und mahnt in Hinblick auf den Streit um den Ausschluss wiederverheirateter Geschiedener von der Eucharistie, dass diese keine „Belohnung für die Vollkommenen" sei.
Unterschrieben ist das Schreiben mit „Franciscus PP", der offiziellen Signatur des Papstes.

◇

Dezember

Anfang des Monats kommt der Pontifex der Einladung des Präfekten der Glaubenskongregation, Erzbischof Gerhard Ludwig Müller, nach und macht nähere Bekanntschaft mit der deftigen bayerischen Küche - aber auch mit der unverfälschten süddeutschen Ausdrucksweise. Pünktlich um 13.30 Uhr wird im Haus an der Piazza della Cittá Leonina aufgetischt, als Hauptgang gibt es Schnitzel mit Kartoffelsalat. Papst Franziskus schmeckt es sehr gut, allerdings sind ihm die Portionen etwas zu mächtig, so dass er einen Nachschlag dankend ablehnt. Damit geben sich die bayerischen Köchinnen nicht zufrieden – sie wollen das „ich-kann-nicht-mehr“ unbedingt in ihrem Dialekt hören. Der Papst lernt also „I konn nimma“ und „I mog jetz nimma“ und soll es beim abschließenden Kaffee bereits akzentfrei gesprochen haben. Für seinen nächsten Besuch beim emeritierten Papst Benedikt XVI., der ja aus Bayern stammt, beschliesst er sein neu erworbenes Können auf jeden Fall unter Beweis zu stellen.

◊

Aus Süddeutschland stammt auch der Christbaum, der um vier Uhr morgens – und damit vor Beginn des chaotischen römischen Berufsverkehrs – am 6. Dezember auf dem Petersplatz aufgestellt wird. Die 25 Meter hohe und etwa sieben Tonnen schwere Fichte wird aus der Umgebung von Waldmünchen im Oberpfälzer Wald geliefert, doch bis zuletzt bleibt der exakte Standort streng geheim, denn dem edlen Baum soll nichts passieren. Es war Papst Johannes Paul II., der 1982 verfügt hat: Jedes Jahr ein „Tannenbaum“ aus einem anderen Land. Der kleine Ort Waldmünchen hatte bereits 1984 die Ehre einen Papstbaum liefern zu dürfen. Im Jahre 2013 nun schon zum zweiten Mal.

Eine Erklärung hierfür könnte sein, dass die Erde im Bayerischen traditionell so katholisch ist, dass sich das günstig auf alle Gewächse auswirkt.

◊

Der Papst als Comic-Held... Gibt’s das? Im zwar gläubigen, aber etwas verspielten Italien schon: „Papa Francesco“ kämpft als Zeichentrickfigur in einem Kinderheftchen für 2,99 Euro gegen Armut. „Wirf niemals altes Brot weg, denn es ist ein Geschenk Gottes“, sagt etwa der Comic-Papst und er ist so beliebt, dass demnächst eine zweite Ausgabe des Heftchens auf den Markt kommen soll.

◊

Nicht nur Papst Franziskus selbst sorgt immer wieder durch sein Handeln für Erstaunen, sondern es überraschen auch jene, die sich plötzlich öffentlich für seine Grundsätze aussprechen und sich zu ihm bekennen. Dazu zählt Oskar Lafontaine, der in Anne Wills Talkshow zugibt ein „katholischer Sozialist“ zu sein und über den Heiligen Vater sagt: „Dieser Papst ist eine Freude.“ Den ganzen Abend kommt der linke Politiker aus dem Schwärmen nicht mehr heraus. Doch niemand stellt an diesem Abend die Frage, ob der dreifach geschiedene Lafontaine auch bereit ist, konsequent die katholische Lehre zu leben.

◊

Bereits im März, beim Amtsantritt, war über das frühere Nachtleben des Papstes gemunkelt worden. Er selber äußerte sich lange nicht zu den Gerüchten, doch nach einer Messe in der Kirche von San Cirillo Alessandrino in einem Arbeitervorort von Rom plaudert der Papst ganz ungezwungen mit den Gläubigen. Und erzählt, dass er während seiner Schulzeit als Türsteher in einer Bar in Buenos Aires gearbeitet habe. Er sieht darin keinerlei Widerspruch oder etwas Anstößiges zu seiner späteren Berufung zum Geistlichen. Schließlich habe er damals, so erläutert der Pontifex, ein gewisses Feingefühl entwickelt, Störenfriede nach draußen zu befördern. Eben dieses Feingefühl habe ihm umgekehrt dabei geholfen, verlorene Schäfchen in die Kirche zurück zu führen.

◊

Erzbischof Georg Gänswein, Präfekt des Päpstlichen Hauses und schönster Mann im Vatikan, gibt noch neun Monate nach dem Papst-Wechsel zu, dass er unter dem Rücktritt von Benedikt XVI. sehr gelitten habe. Den Abschied damals empfand er wie eine „Amputation". Seitdem arbeitet der deutsche Erzbischof für beide Päpste und hat den Eindruck „in zwei Welten zu leben". An den unkomplizierten Latino-Stil von Franziskus hat er sich anscheinend erst gewöhnen müssen: So empfand Gänzwein es anfangs als „Affront", dass der argentinische Pontifex sich weigerte, in den Apostolischen Palast umzuziehen, weil er „lieber unter Leuten" sein wolle. Inzwischen könnten beide über solche Meinungsverschiedenheiten scherzen, so Gänswein in einem Interview mit der Wochenzeitung „ZEIT“.

◊

Das US-Magazin „Time“ wählt Papst Franziskus zum „Mensch des Jahres“ und begründet seine Entscheidung damit, dass dieser erste Nichteuropäer als Papst in über 1000 Jahren nun die Kraft habe, die Welt und die Kirche zu reformieren. Gewürdigt wird außerdem die Fähigkeit des Kirchoberhauptes, in nur wenigen Monaten das Bild der Kirche positiv in den Augen von Millionen Menschen verändert zu haben, die zuvor ihre Hoffnungen in diese Institution aufgegeben hatten. Der Vatikan gibt sich erfreut über die Entscheidung von „Time“, ist aber angesichts des anhaltenden positiven Feedbacks auf diesen Papst nicht sonderlich überrascht. Bislang hatte das Magazin nur zwei Päpste zum „Man of the Year“ gekürt: Johannes XXIII. im Jahre 1962 und 1994 Johannes Paul II.

◊

Am 17. Dezember feiert der Pontifex seinen 77. Geburtstag: Mit einer Frühmesse um 7 Uhr und anschließendem Frühstück im Gästehaus „Santa Marta“ gemeinsam mit vier Obdachlosen sowie einigen engeren Vatikan-Mitarbeitern und deren Familien. Ebenfalls am Tisch sitzen Putzkräfte und Köche des Gästehauses und ein kleiner braun-schwarzer Hund, der einem der Obdachlosen gehört. Der Heilige Vater fühlt sich sichtlich wohl in dieser Runde, vorab hatte er sich eine „besonders familiäre" Atmosphäre gewünscht. Währenddessen treffen über Twitter (#augurifrancesco) im Sekundentakt Glückwünsche aus der ganzen Welt beim Papst ein, der in aller Ruhe vor seiner kleinen Gästeschar philosophiert: „Was ist der Nachname Gottes? Das sind wir, ein jeder von uns!"

◇

Seine Heimatgemeinde San José de Flores in Buenos Aires, in welcher der Papst seine Kindheit verbrachte und wo der Wunsch Priester zu werden in ihm reifte, denkt an diesem Tag mit großer Innigkeit an ihn. Etliche Gemeindemitglieder versammeln sich schon am Morgen dort in der Kirche und machen dem Papst durch ihre Gebete ein großes Geschenk.

◇

Kicker im Vatikan – es ist die Lieblings-Fussballmannschaft von Papst Franziskus, der argentinische Erstligist San Lorenzo de Almagro. Im Gepäck dabei haben die Fussballer den Herbstrundenmeister-Pokal für ihr berühmtestes Mitglied und ein Bild des Fußballers Rene Pontoni, der von 1945 bis 1948 und ein weiteres Mal 1954 bei San Lorenzo spielte. Schon als Neunjähriger hatte der Papst gemeinsam mit seinem Vater die glorreiche Saison 1946 im Stadion von San Lorenzo mitverfolgt. Das Team des Papstes wurde damals Meister - dank der Tore seines Spitzenstürmers.

◇

Papst trifft Papst. Wie oft das geschieht, bleibt vor der Öffentlichkeit verborgen, aber es soll einen regen Austausch zwischen Franziskus und Benedikt XVI. geben. Das ist wohl einmalig in der Kirchen-Geschichte. Sicher ist, dass Franziskus am Abend vor Beginn der Weihnachtsfeierlichkeiten seinen Vorgänger in dessen Residenz Kloster Mater Ecclesiae in der Vatikanstadt besucht. Er überbringt ihm seine „besten Wünsche“ für die Weihnachtszeit, beide Würdenträger beten sodann in der kleinen Kapelle des ehemaligen Klosters. Zum Abschluss nehmen sie Platz auf dem Sofa im Wohnzimmer des emeritierten Papstes, plaudern und greifen beim Gebäck aus der Heimat von

Benedikt XVI. zu. Franziskus ist besonders den Vanillekipferln zugeneigt.

◊

In der ersten Weihnachtsbotschaft seines Pontifikats zählt Papst Franziskus vor einem Millionenpublikum noch einmal alle Regionen dieser Welt auf, in welchen Krisen und Leiden am größten sind: Nahost, Südsudan, Zentralafrikanische Republik, Nigeria, Horn von Afrika. Ganz oben steht für ihn Syrien, wo der Konflikt schon zu viele Leben zerstört habe. Er unterstreicht dies mit den Worten: „Mögen dem geliebten syrischen Volk neue Leiden erspart bleiben.“

◊

Twitter-Rekord: Über die Weihnachtstage überschreitet der Account @Pontifex mit den neun Sprachadressen wieder einmal die Millionengrenze. Nun hat der Papst über elf Millionen Follower auf dem Kurznachrichtendienst. Die meisten finden sich mit 4,4 Millionen Interessenten auf seinem spanisch sprachigen Account, es folgt der englische mit 3,4 Millionen und der italienische mit 1,3 Millionen Followern. Der deutsche ist ganz hintenan mit rund 163.000 Nutzern.

◊

Mit seinen Silvestergrüßen erschreckt der Heilige Vater fünf Nonnen der Barfüßigen Karmeliterinnen im südspanischen Lucena noch in den letzten Stunden des alten Jahres. Weil sie beim Mittagsgebet sind und nicht ans Telefon gehen können, hinterlässt der Papst einfach eine Nachricht auf dem Anrufbeantworter: „Was treiben wohl die Nonnen, dass sie nicht rangehen können? … Ich bin Papst Franziskus. Ich wollte euch Silvestergrüße schicken. Mal schauen, ob ich nachher wieder anrufen kann. Gott segne euch!“ Das klingt sehr salopp, aber man muss wissen, dass der Papst mit den Schwestern des Klosters seit 15 Jahren bekannt und so etwas wie „ein alter Freund“ für sie ist. Und deshalb lassen die Nonnen auch nicht locker und rufen solange im Vatikan zurück, bis sie Franziskus an der Strippe haben, um ihm ebenfalls alles Gute fürs neue Jahr zu wünschen.

◇

Januar

Der Coup mit den Überraschungs-Anrufen hat sich inzwischen weltweit verbreitet. Unter den etwa 2000 Briefen, die Franziskus täglich erhält, steht nun meistens eine Telefonnummer: „Hinzugefügt in der Hoffnung, dass der Papst mal anruft“, erläutert Ciro Benedettini vom Presseamt des Vatikans.

◇

„Vielen Dank! Gesegnet seist du, mein Kind“, sagt der Papst auf Deutsch und berührt dabei die Wange des elfjährigen Justus, der einer von insgesamt 23 Sternsingern aus dem Erzbistum Paderborn ist und an diesem Tag seine eucharistischen Gaben von Brot und Wein nach vorne zum Altar im Petersdom tragen darf. Am 1. Januar, dem Weltfriedenstag unter dem Motto „Brüderlichkeit – Grundlage und Weg für den Frieden“, feiern die weitgereisten Sternsinger den Neujahrsgottesdienst mit dem Heiligen Vater und sie sind erstaunt über sein fast perfektes Deutsch, das lediglich von einem charmanten spanischen Akzent gefärbt ist.

◇

Als „Schande der Kirche“ tituliert der Papst die Missbrauchsskandale und ruft in seiner Frühmesse im vatikanischen Gästehaus zu mehr Schuldbewusstsein und Selbstkritik in der katholischen Kirche auf. Die verantwortlichen Priester, Bischöfe und Laien hätten „keine Verbindung zu Gott“ gehabt, jedoch „eine Position in der Kirche, eine Position der Macht und auch der Annehmlichkeit.“

◊

Laut Papst Franziskus muss ein Priester unter die Menschen gehen, seelsorgerisch tätig sein, zuhören, Zeit haben - diesen Anspruch hat er kurz nach seiner Wahl so ausgedrückt: „Der Hirte muss nach seinen Schafen riechen.“ Als er Anfang Januar einer Einladung der Pfarrei Sant' Alfonso de' Liguori nahe Rom folgt und eine Lebendkrippe besucht, nimmt der Pontifex sich selbst beim Wort, als er unter den Tieren ein Lamm wählt und es sich auf die Schultern legt. Die Kinder der Gemeinde, die um ihn herum im Kreis stehen und den Papst mit großen Augen betrachten, fragt er sodann: „Weihnachten endet, ein neues Jahr fängt an, aber Jesus bleibt bei uns. Glaubt ihr das?”, worauf die Kinder laut „Ja!” schreien. Was nicht wundert – schließlich sind sie Lämmchen der Diözese Rom.

◊

„Los, steig ein!“ fordert Papst Franziskus Fabian Baez auf, als er diesen plötzlich unter Tausenden von Gläubigen auf dem Petersplatz erspäht, und also seinen Fahrer bittet, das Papamobil bei dem befreundeten Priester anzuhalten. Gemeinsam setzen sie die Fahrt fort und Baez gesteht später vor Reportern: „Ich war überrascht und fragte mich: 'Was mache ich bloß hier? Mamma mia!' Aber der Papst hat über mein erstauntes Gesicht nur gelacht und mich immer wieder aufgefordert mich zu setzen. Er grüßte unablässig die Menschen und küsste Kinder. Ich war total bewegt in diesen Minuten.“ Falls Pater Baez selber nicht glauben sollte, was ihm da geschehen ist – die Fahrt zu zweit auf dem Papamobil wurde auf Video aufgezeichnet.

◇

„ ...Papa was a rollin' stone... “ Der Hit der Temptations aus den 70er Jahren scheint exakt auf „Papa Francesco“ zugeschnitten – denn Ende Januar ziert sein Konterfei das Cover der US-Szenezeitschrift „Rolling Stone“. Üblicherweise erscheinen auf der Titelseite der Zeitschrift nur Popgrößen wie David Bowie, Rihanna oder John Lennon. Und nun also der Heilige Vater. Die Headline der umfangreichen Story lautet „The Times They Are A-Changin“ („Die Zeiten ändern sich“) - eine Anspielung auf den bekannten Bob-Dylan-Song. Aber ob der Papst mit dem berühmten Rockmusiker überhaupt etwas anfangen kann?

◊

Eher noch mit dem Graffiti eines überdimensionalen Supermanns, der in weißer Robe und gereckter rechter Faust durch die Lüfte – oder den Himmel - schwebt. Auch dieser fliegende Held ist niemand anders als der Papst, gemalt von einem Straßenkünstler namens Maupal auf eine römische Hauswand und offiziell getwittert vom Vatikan. Leider verschwindet der Graffito-Papst auf mysteriöse Weise nur wenige Tage später. Jemand muss ihn übertüncht haben – anscheinend gibt es Mächte oder Menschen auf Erden, die den Papst nicht gerne als Supermann sehen.

◊

Februar

Für knapp eine Viertelmillion Euro geht Anfang des Monats die Harley Davidson von Papst Franziskus auf einer Auktion bei Bonhams in Paris weg. Dabei hat der Heilige Vater die Maschine nie bestiegen, geschweige denn gefahren... Die Dyna Superglide mit stattlichen 1585 ccm Hubraum war ein Geschenk an ihn von der Firma Harley Davidson anlässlich ihres 110-jährigen Bestehens, das in Rom ein halbes Jahr zuvor groß gefeiert wurde. Der Papst hatte recht bald beschieden, dass das Motorrad samt Biker-Ausstattung verkauft und mit dem Erlös Gutes unternommen werden solle. Sich seines Wertes wohl bewusst, hatte der Pontifex den Tankdeckel wie auch die schwarze Motorradjacke in XL mit „Francisco“ signiert – mit der Folge, dass der Feuerstuhl und die Lederkluft im Preis um das zigfache stiegen. Die Jacke, vorab mit 1000 bis 1500 Euro taxiert, brachte 57.500 Euro ein. Der Käufer: unbekannt.
Die Einnahmen durch die Versteigerung sollen nun der Obdachlosen-Unterkunft der Caritas am römischen Hauptbahnhof zugute kommen.

◊

Wenn fasten, dann richtig.
„Ich misstraue dem Almosen, das nichts kostet und nicht schmerzt", äußert der Pontifex wenige Wochen bevor die Fastenzeit am 5. März beginnt. „Denn vergessen wir nicht, dass wahre Armut schmerzt: Ein Verzicht, der diesen Aspekt der Buße nicht einschließt, wäre bedeutungslos."
Gerade für jene, die viel haben, sei eine Umkehr des Gewissens hin zu den Werten der Gerechtigkeit, der Gleichheit, der Genügsamkeit und des Teilens notwendig.

◇

Bei einem Besuch polnischer Bischöfe im Vatikan erläutert der Papst, dass Geschiedene und Getrennte der Barmherzigkeit bedürften. Seine Bemerkung gründet auf den alarmierenden Trennungs-Zahlen in einem Land, das bislang als streng katholisch galt... In Polen zerbrechen mittlerweile dreißig Prozent aller Ehen, die Scheidungs-Rate hat innerhalb eines Jahrzehnts um mehr als die Hälfte zugenommen. „Heute wird die Ehe oft als eine Form der Gefühlsbereicherung betrachtet, die man selber auswählen oder ändern kann, so wie man es gerade wünscht. Leider ist diese Vision auch in die christlichen Mentalität eingeflossen und hat dazu geführt, dass Scheidungen und

Trennungen auch bei Gläubigen oft vorkommen. Dieser Weg scheint heute so einfach zu sein.“ Aufgabe der Bischöfe sei es, so der Papst, jenen beizustehen, die in eine solche Situation geraten.

◊

Ganz konkrete Ratschläge zum Thema Ehe erteilt Papst Franziskus knapp 10.000 Paaren, die sich am Valentinstag zu einer Audienz im Vatikan einfinden. Laut dem Pontifex sind für das Gelingen einer guten Partnerschaft lediglich drei Worte notwendig: bitte, danke und Entschuldigung.
Es sei zu bedenken, dass es nunmal keine perfekte Familie, keinen perfekten Ehemann und auch keine perfekte Ehefrau gebe - und von einer perfekten Schwiegermutter, so der Papst weiter, wolle er schon gar nicht reden.

◊

Was haben der Formel-1-Pilot Lewis Hamilton und Papst Franziskus gemeinsam? Richtig, sie fahren beide das Auto mit dem Stern. Bei seinem Besuch in Rom begutachtet der Ex-Weltmeister das Mercedes-Papamobil und posaunt via Twitter in die Welt: „Sogar er fährt einen Benz, das heißt, Mercedes ist das Beste.“

◊

Auch bei Ausweis-Dokumenten verzichtet der Papst auf „Extra-Würste“. Im Februar beantragt er einen neuen Personalausweis und einen Reisepass – und besteht darauf, dass seine Anfrage auf dem ganz normalen Verwaltungsweg in Argentinien bearbeitet wird und er die Kosten dafür selber trägt. In Rom gibt er also bei den Mitarbeitern des argentinischen Konsulats den notwendigen Fingerabdruck ab, leistet seine Unterschrift und lässt sich fürs Passfoto fotografieren. Darauf ist er allerdings in seiner päpstlichen Robe und mit Kopfbedeckung abgebildet – obwohl Argentinier normalerweise barhäuptig auf Passfotos erscheinen müssen. Doch weil sie stolz sind auf ihren Papst und darauf, dass er immer noch einer von ihnen sein will, lassen sie ihm diese Besonderheit. Eigentlich stände ihm ein Diplomatenpass zu, ausgestellt vom Vatikan auf die Nummer 001, die immer für einen Papst reserviert ist.

◊

Aha, Reichtum hat auch positive Seiten... Im Vorwort des neuen Buches „Arm für die Armen“ von Gerhard Ludwig Müller, Präfekt der Glaubenskongregation, gibt der Papst zu: Geld schaffe und vermehre menschliche Freiheit. Aber entscheidend sei, dass Reichtum sich nicht gegen die Menschen wende und sie voneinander entferne. Im Gegenteil müsse großer Besitztum in praktizierter Solidarität geteilt werden.

◊

Ende Februar erhebt Papst Franziskus 19 Männer in den Kardinalsrang. Auffallend viele von ihnen kommen aus ärmeren Ländern des Südens - aus Burkina Faso etwa, aus Haiti oder von den Philippinen. Die Führungsriege um den Pontifex wird auf diese Weise und globaler für die katholische Welt. Venedig und Turin, üblicherweise klassische Kardinalssitze, gehen leer aus. Stattdessen erhält das umbrische Perugia einen Purpurträger, dessen erste Besuche nach der Ernennung den Gefangenen und Kranken gelten. Getreu dem Vorbild des Papstes.

◊

Über Esther von Krosigk:

Autorin von mehreren Papstbüchern, u.a. "Worüber der Papst lacht" (ISBN 978-3639459739) und „Heiliger Papst Johannes Paul II.“ (ISBN 978-3732285761) sowie von Romanen und Sachbüchern.

www.esther-von-krosigk.de

Printed by Books on Demand GmbH, Norderstedt / Germany